AF338558

LES MAUX ACTUELS

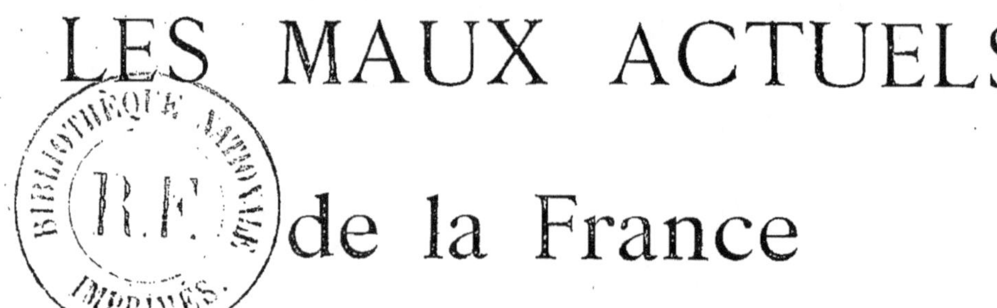

de la France

ET

LEURS REMÈDES

PAR L'ABBÉ NOYANT

DU CLERGÉ DE SAINT-BERNARD ET ANCIEN AUMÔNIER MILITAIRE

Prix : 1 Franc

PARIS

IMPRIMERIE TYPOGRAPHIQUE R. MEUNIER

15, RUE D'ABBEVILLE

1888

LES MAUX ACTUELS DE LA FRANCE

ET

LEURS REMÈDES

PRÉFACE

Issu de parents français, parisien de naissance, j'aime la France, ma patrie, d'un amour ardent. Prêtre catholique, je m'appuie sur les vrais principes, les principes de l'*Evangile* de Jésus-Christ. Aussi bien, je prie les Français, lecteurs de cette brochure, de méditer sur les maux qui affligent leur pays à la fin du dix-neuvième siècle, et de suivre les conseils que leur offre un dévoué compatriote. Je soumets cet écrit au Saint-Siège, et je désavoue à l'avance ce qui, contre ma volonté, ne serait pas entièrement conforme à la doctrine de l'Église.

L'Abbé NOYANT,

du Clergé de Saint-Bernard et ancien
aumônier militaire. — Eglise Saint-Bernard

Paris, 27 Août 1888

MAUX ACTUELS DE LA FRANCE
et leurs Remèdes

La France, notre pays bien-aimé, souffre, à la fin du dix-neuvième siècle, de plusieurs maux qui la minent lentement. Ces maux sont : l'irréligion, le défaut de stabilité dans les institutions politiques, l'inertie des électeurs dans l'application du suffrage universel, le manque de fermeté pour la répression du crime et des désordres, le défaut d'une politique extérieure et humanitaire. Ces maux sont encore l'affaiblissement du patriotisme chez beaucoup de Français, le défaut d'esprit de famille au sein des populations, l'abandon des travaux de la campagne, le manque d'activité pour les travaux d'utilité publique, le défaut de taxe gouvernementale pour les loyers et les vivres, la modicité de certains salaires, la progression immodérée des impôts. Disons quelques paroles sur chacun de ces maux, et présentons les remèdes nécessaires pour les faire disparaître.

CHAPITRE Ier

L'IRRÉLIGION

> « *Sicut non probaverunt Deum habere in*
> « *notitiâ, tradidit illos Deus in reprobum sensum.* »

« Comme ces hommes n'ont fait aucun usage de la connaissance qu'ils avaient de Dieu, Dieu les a livrés à un sens dépravé. »

(Saint-Paul aux Romains, I, 28.)

Nous rencontrons en France, dans la plupart des localités, des familles, des individus dont l'esprit est vraiment religieux; mais, hélas ! sur quarante millions de Français, que d'impies qui n'invoquent jamais Dieu, qui n'assistent à aucun office de leur culte, qui n'inculquent à leurs enfants aucune croyance religieuse ! Ces impies, si civilisés, si lettrés qu'ils soient, n'ont pas la force de résister aux mauvaises passions de leur cœur : ils en deviennent les victimes par la permission de Dieu, qui les abandonne à leur sens dépravé.

Aimons et pratiquons la vraie religion : les populations seront alors vertueuses, et se distingueront par de nombreuses qualités. Où est cette vraie religion ? Le Catholicisme seul a les marques de la vérité. Son fondateur, Jésus-Christ, a prouvé sa mission divine en réunissant, dans sa personne, les caractères du Messie des Juifs, de ce Messie appelé Dieu dans l'Ancien-Testament. Jésus-Christ a prouvé sa mission divine en se proclamant le fils de Dieu, et en accomplissant, à l'appui de ses paroles, des miracles : résurrection de plusieurs morts, guérisons de maladies invétérées, sans employer les remèdes humains. Ces miracles sont attestés par ses disciples, témoins oculaires, témoins sains d'esprit d'après leur vie et leurs écrits (*les Evangiles*), témoins qui, sans intérêt, ont versé leur sang pour leurs affirmations, suivant l'histoire romaine.

Jésus-Christ a prouvé sa mission divine en donnant, dans sa vie, l'exemple de vertus surhumaines, en nous laissant, dans les *Evangiles*, sa doctrine si belle, si sainte, vraiment céleste, doctrine qui civilise les individus, les familles, les nations.

La religion catholique, fondée par Jésus-Christ, est donc la vraie religion. Les autres religions, qui lui sont opposées, sont donc l'erreur ; car la vérité est une, et le oui et le non ne peuvent être vrais simultanément. Nous autres catholiques, animés d'un vrai zèle, nous voulons convertir nos adversaires par la seule persuasion, les laisser libres, les contraindre seulement à ne pas être immoraux ou cruels.

Comment notre pays éloignera-t-il de lui le fléau de l'irréligion ? En approuvant les mesures suivantes : nomination d'au-
môniers militaires en temps de paix comme en temps de guerre,
protection des ministres de la religion contre toute violence,
érection et entretien des édifices religieux, liberté pour toutes
les congrégations d'hommes et de femmes, instruction religieuse
de la jeunesse, liberté religieuse pour nos malades. Pour exciter
ce sentiment religieux, le Gouvernement devrait, avant de
conclure une affaire sérieuse, après une victoire, faire faire des
prières publiques, dans les temples, avec cortèges officiels,
musique et escorte militaires.

La mesure la plus importante, pour éloigner le fléau de
l'irréligion, serait de décréter le repos du dimanche. Je parle
du dimanche, parce que c'est le jour des prières pour les
Catholiques, et que les Catholiques forment la majorité des
Français. Le dimanche est aussi le jour de repos pour les Pro-
testants. Fermez, le dimanche, les usines, les ateliers ; supprimez
les trains de marchandises et interdisez les travaux des champs,
le dimanche : alors, ouvriers et patrons, libres pour assister,
suivant leur volonté, aux offices de leur culte, deviendront plus
religieux et plus moraux.

CHAPITRE II

DÉFAUT DE STABILITÉ DANS LES INSTITUTIONS POLITIQUES

« Principatus sensati stabilis erit. »
« Le gouvernement d'un homme sage sera stable. »
(Ecclésiastique, X, 1.)

Dans un Etat, il faut de la stabilité dans les diverses institutions politiques ; il faut conserver à leur poste les bons administrateurs : vous avez alors de l'esprit de suite dans les

entreprises d'utilité publique, dans les réformes sociales. Le Français est naturellement changeant ; mais, avec de l'application, il peut devenir très-stable dans ses bonnes habitudes.

En notre France, je voudrais un Chef de gouvernement distingué par sa sagesse, gouvernant toute sa vie pour éviter les perturbations, assisté de sages Ministres, de sages Sénateurs et Députés, remplacé par un fils sage. Les Ministres ne changeraient point tous les six mois ; gérant leur Ministère pendant de longues années, ils travailleraient avec succès, feraient prospérer les affaires de la nation. Le Chef du gouvernement mettrait son *veto* aux mauvaises décisions des Chambres, lesquelles, hélas ! ne se trompent que trop souvent, ferait prendre de nouvelles décisions plus équitables. Je veux ce Chef pratiquant fidèlement *l'Evangile* de Jésus-Christ, afin qu'il remplisse tous ses devoirs et qu'il vive avec sagesse. Dans un Etat, il faut conserver à leur poste les magistrats intègres, les administrateurs habiles. Les magistrats honnêtes, justes, qui n'acceptent aucun présent pour leurs sentences, inamovibles, châtient le vice, le crime, font reconnaître l'innocence de l'accusé, rendent les plus grands services à la société. Les administrateurs habiles, honnêtes, conservés pendant de longues années en leurs fonctions, font régner la confiance, développent le commerce et l'industrie, rétablissent la tranquilité publique.

Cet esprit de stabilité est surtout nécessaire à la France. Notre nation est gé,éreuse, charitable, sensible à toutes les infortunes : il faut qu'elle soit calme et forte pour délivrer les opprimés en tout l'univers. Notre pays, si remarquable par son climat, ses riches productions, sa belle situation géographique, est envié par des voisins jaloux. S'il n'est point bouleversé par des changements perpétuels, c'est le temps de la prospérité, le pays est fort et l'étranger le respecte.

CHAPITRE III

INERTIE DES ÉLECTEURS DANS L'EXERCICE DU SUFFRAGE UNIVERSEL

> *« In multitudine presbyterorum prudentium sta. »*
> « Trouvez-vous en l'assemblée des sages. »
> (Ecclésiastique, VI, 35.)

Le suffrage universel d'une nation n'est point infaillible ; il peut donner de mauvais résultats. Cependant, comme en général il y a plus de sagesse en cent personnes que dans la tête d'un seul, ce suffrage, avec de sages règlements, sera d'une utilité incontestable. Je ne crains pas de le publier : le suffrage universel ne fonctionne pas en France comme il le devrait.

Pour ce suffrage, tous les électeurs capables doivent être inscrits sur les rôles : que de personnes insouciantes ne se font pas inscrire ! Il y en a des milliers.

Pour le suffrage universel, tous les électeurs inscrits doivent se rendre aux urnes et voter avec liberté, sans se laisser imposer, par une société, un vote qu'on n'approuve pas : que d'électeurs inscrits qui, le jour de l'élection, ne se dérobent pas un instant à leurs affaires, à leurs plaisirs, pour aller voter ! Que d'électeurs, sans liberté, acceptent le vote imposé d'une société !

Pour le suffrage universel, des commissaires intègres doivent dépouiller les votes avec sincérité : des journaux ne racontent-ils pas, avec preuves, que parfois on falsifie les votes en leur dépouillement ?

Que devrait faire le Gouvernement pour remédier à un tel état de choses ? Imposer une amende, ou infliger trois jours de prison pour l'insolvable, à tout électeur non inscrit, à tout électeur inscrit qui, sauf le cas de maladie grave, ne viendrait pas voter. Le Gouvernement ferait surveiller le dépouillement des votes par dix électeurs de probité notoire, en chaque circonscription. Avec ces précautions, car ce sont les bourgeois, les meilleurs électeurs, qui s'abstiennent de voter, je soutiens que le suffrage universel enverrait aux Conseils et aux Chambres plus d'élus capables et vertueux.

CHAPITRE IV

LES CRIMES, LES DÉSORDRES NE SONT PAS ASSEZ VIVEMENT PUNIS OU RÉPRIMÉS

« *Principes non sunt timori boni operis, sed mali.* »

> « Le Gouvernement n'est pas à craindre lorsqu'on fait le bien ; mais lorsqu'on accomplit le mal. »
> (Epître aux Romains XIII, 3.)

Que voyons-nous, à notre époque, touchant le crime, les désordres de toute espèce ? Les crimes sont nombreux, et les assassins sont rarement exécutés, parce que beaucoup ne veulent plus de la peine de mort. Les voleurs manœuvrent audacieusement et en plein jour. Les désœuvrés pullulent, au grand effroi des populations. Les pensionnaires des maisons honteuses circulent en pleine lumière. Des objets peu décents apparaissent de tous les côtés ; le théâtre, la librairie, blessent souvent les bonnes mœurs. On n'interdit pas des réunions dans lesquelles on prêche mille opinions insensées, criminelles, excitant au désordre.

Un Gouvernement, de par Dieu, doit assurer la sécurité des

bons et réfréner l'audace des méchants : c'est son devoir absolu. Il représente un père de famille. Ses administrés, récompensés quand ils font bien, doivent être punis, toujours d'une manière proportionnée à la faute, quand ils font mal.

Un Gouvernement sérieux aura à son service la peine de mort, la prison, les amendes. La peine de mort est nécessaire, afin d'épouvanter et d'arrêter ceux qui voudraient tuer leur semblable ; peine de mort pour celui qui, hors le cas de légitime défense, a ôté la vie à son frère, pour l'étranger vivant en France comme pour le Français, pour la femme comme pour l'homme, peine de mort pour le duelliste qui, dans une querelle futile, a tué son adversaire. Celui qui veut assassiner ne s'épouvante pas à l'idée du bagne : il a l'espoir de s'évader. La menace de la mort seule arrête son bras. Que l'exécution des criminels soit prompte, afin d'effrayer les gens dépravés ! La Société vivra alors au sein de la plus grande sécurité.

Un Gouvernement sérieux doit réprimer le vol, de manière que l'on voyage, à une heure du matin, dans une forêt, avec autant de sécurité qu'en pleine lumière, dans une ville.

Comment le Gouvernement traitera-t-il tous les gens sans occupations, souvent paresseux volontaires, qui inondent nos villes et nos campagnes ? Il les réunira, les mariera entre eux suivant leurs convenances, leur donnera un coin de terre dans nos colonies, ou leur fera exécuter, sous surveillance et avec salaire, des travaux publics.

Un Gouvernement sérieux doit faire respecter les bonnes mœurs. Pourquoi ne pas supprimer les maisons honteuses ? Pourquoi laisser exposer, dans nos musées, nos jardins, des objets peu décents ? Pourquoi ne pas interdire plus souvent des pièces de théâtre trop libres, des publications immorales ?

Pourquoi ne pas interdire le divorce, source de divisions pour les familles?

Un Gouvernement sérieux doit connaître les statuts de toute société, afin d'en examiner l'utilité, la moralité. La société est-elle utile, sage, morale, n'attaquant pas ce qui est respectable, soyez tolérants dans les autorisations. La société est-elle contraire aux intérêts du peuple, éclairez ses membres abusés, et supprimez l'association, si on ne veut point s'amender.

Je le répète : le Gouvernement est un justicier; les pervers doivent trembler devant ses arrêts.

CHAPITRE V

LA POLITIQUE EXTÉRIEURE DE LA FRANCE N'EST PAS ASSEZ
RELIGIEUSE ET HUMANITAIRE

> « *Libera eum qui injuriam patitur de manu superbi.* »
>
> « Délivrez de la main du superbe celui qui est opprimé. »
>
> (Ecclésiastique, IV, 9)

Un Gouvernement sage doit éviter les guerres de pure ambition : la guerre est un fléau qui fait répandre bien des larmes. Cependant, c'est, pour un Gouvernement, une fonction glorieuse que de délivrer les opprimés, par la force des armes, lorsque la diplomatie est impuissante.

Je voudrais voir la France, nation catholique, faire alliance avec les puissances catholiques, avec l'Autriche surtout, afin de protéger partout l'humanité et le catholicisme. Je désirerais voir le Gouvernement français faire rendre, par sa diplomatie, au *Souverain Pontife*, son pouvoir temporel, nécessaire à sa liberté religieuse ; reprendre, par quelques *billets de banque*, afin d'éviter l'effusion du sang, *Metz* et *Strasbourg*, ses deux places fortes de l'Est ; faire abolir en tout l'Univers, de concert avec les nations européennes, par la force au besoin, la polygamie qui fait le désespoir de la femme, l'esclavage qui fait répandre tant de larmes, les sacrifices humains si barbares. Je voudrais que les nations européennes fissent rayer des codes étrangers, ce qui blesse la morale et l'humanité, punissent partout les meurtres des voyageurs, des ministres de la religion, les meurtres injustes de toute espèce. Entreprises difficiles ! me direz-vous, lecteurs. Non point très difficiles, vous répondrai-je. Les flottes de guerres européennes se promèneraient partout ; se feraient livrer les meurtriers impunis, et les pendraient à leurs vergues. En cas de non-tradition, elles bombarderaient une côte habitée : la terreur se répandrait alors chez les nations barbares, où ne règnerait pas la justice. L'homme d'iniquité ne tremble que devant la force : ne l'oublions jamais.

CHAPITRE VI

AFFAIBLISSEMENT DU PATRIOTISME CHEZ NOMBRE DE FRANÇAIS

> « *Nos vero pugnabimus pro animabus nostris.* »
> « Nous combattrons pour notre vie. »
>
> (I Machabées, III, 21.)

Le patriotisme, c'est l'amour de son sol natal et des pays administrés par son Gouvernement ; c'est l'amour de l'honneur de son pays.

La patrie est-elle envahie : le patriote s'efforce de repousser l'ennemi, même au péril de sa vie. La patrie est-elle vilipendée en public : le patriote proteste contre ces insultes.

Un Français est-il molesté sans motifs sérieux, à l'étranger; le drapeau français est-il conspué à l'étranger : le patriote fera respecter son concitoyen, fera redresser avec honneur son drapeau honni. Proclamons-le bien haut! à notre époque, nous avons, en France, des populations qui aiment leur patrie d'un amour ardent. Mais, hélas! on rencontre quelques Français qui ne sont plus patriotes, surtout parmi ceux qui ont abandonné les principes religieux. La patrie pour eux, c'est leur tranquillité, c'est leur bien-être. Peu leur importe que le maire de leur commune soit français ou étranger! On rencontre des Français qui veulent le triomphe d'un mauvais parti qui leur promet places et honneurs, plutôt que le triomphe du parti qui fera le bonheur de la patrie. Aimons tous ardemment notre patrie française, et cherchons à la rendre heureuse!

CHAPITRE VII

L'ESPRIT DE FAMILLE SE PERD EN FRANCE

> « *Bonus relinquit hœredes filios et nepotes.* »
> « L'homme vertueux laisse héritiers de ses biens
> ses fils et petits-fils. »
>
> (Proverbes, XIII, 22)

Heureux sont les peuples où règne l'amour de la famille! Chez ces peuples, les jeunes gens, animés par leurs sentiments religieux, vivent avec sagesse; n'altèrent point leur santé au sein de plaisirs funestes, se marient de bonne heure, par affection et non par intérêt.

Chez ces peuples, le père de famille, ami du travail et de l'ordre, ne craint pas la multiplication de ses descendants, met sa joie à élever chrétiennement ses enfants, leur donne le goût de la simplicité et non du luxe.

Chez ces peuples, la mère de famille, observant les lois de Dieu, estime ses enfants ses joyaux les plus précieux, ne se délivre pas de leur éducation pour courir après de vains plaisirs, est heureuse au sein de sa demeure.

Chez ces peuples, le père et la mère, suivis de leurs enfants, autant que la mesure leur est possible, assistent ensemble aux offices de leur église, prient ensemble, prennent ensemble leurs récréations, exécutent ensemble leurs promenades. Qu'il est beau de voir le père de famille, comme un patriarche, s'avancer à la tête de sa maison, sur les places publiques !

Chez ces peuples, l'époux est fidèle à son épouse, l'épouse à son époux. Ils se supportent mutuellement, ils oublient quelques imperfections, et ont en horreur le divorce, qui sème, dans les familles, la perturbation et la haine.

Avons-nous l'esprit de famille en France, à notre époque ? Cet esprit s'affaiblit beaucoup.

De nombreux jeunes gens perdant la crainte de Dieu, ruinent leur santé au sein de plaisirs funestes, et se marient trop tardivement. De nombreux pères de familles ne veulent qu'un ou deux enfants, ne songent pas à l'éducation chrétienne de leurs descendants, ne sont pas fidèles à leur épouse, n'aiment point la société de leur femme et de leurs enfants, désertent trop souvent leur demeure pour le jeu et pour le café. Plusieurs mères de famille éloignent de leurs yeux, de bonne heure, leurs enfants, se soucient fort peu de leur inspirer l'amour de la religion, oublient la foi conjugale, s'occupent fort peu des soins de l'intérieur de leur maison.

Que l'esprit de famille se maintienne au sein de nos populations! Cet esprit produira la vraie joie, le vrai contentement du cœur.

Plusieurs vantent le divorce. Nos lois actuelles, hélas! admettent cette coutume déplorable ; mais la religion catholique, si sage, venant de Dieu, qui ne peut se tromper, la repousse à juste titre. Ces époux, qui veulent divorcer, ne ressemblent-ils pas à ces papillons étourdis qui voltigent de fleurs en fleurs? Ils font la désolation de leurs familles respectives, et ne trouvent point le bonheur qu'ils auraient trouvé dans leur union avec un peu de patience.

CHAPITRE VIII

ABANDON DES TRAVAUX DE LA CAMPAGNE

> « *Ubi non sunt boves, præsepe vacuum* »
> « Où il n'y a pas de bœufs, la grange est vide »
> (Proverbes XIV, 4).

Les peuples agriculteurs ont la santé de l'esprit et du corps, vivent dans l'aisance. La terre est une bonne nourrice, et rend au centuple le grain qu'on lui confie. L'agriculteur sage et économe achète à tempérament, quand il est peu fortuné, les champs qu'il cultive, les fait fructifier, achète à tempérament la maison qu'il habite, travaille de l'aube au déclin du soleil, se repose le dimanche, trace chaque matin à ses enfants leur travail quotidien. La ferme prend de l'essor, et, au bout d'une vingtaine d'années, c'est l'aisance, c'est l'abondance. Aime-t-on à notre époque, les travaux de la campagne ? Trop peu. Les villes s'agrandissent démesurément, et les campagnes sont abandonnées. Il y a trop d'employés et pas assez de cultivateurs. Que de candidats aux emplois, mourant de faim, s'étiolant aux sein des villes ! Ils meurent jeunes ; leurs enfants sont chétifs : que de larmes dans leurs mansardes ! S'ils n'eussent pas quitté leurs parents cultivateurs, s'ils se fussent adonnés aux travaux de la ferme, ils eussent trouvé santé, table abondamment servie et longue vie.

CHAPITRE IX

LES TRAVAUX D'UTILITÉ PUBLIQUE NE SONT PAS MENÉS AVEC ASSEZ D'ACTIVITÉ

« *Erant super omnia opera Salomonis propositi.* »
« Salomon avait des surveillants pour tous ses travaux publics. »
(Ancien-Testament).

Un Gouvernement paternel et actif doit dépenser, en grande partie, les revenus d'un pays à faire exécuter des travaux publiques : érection d'églises au vrai Dieu, érection d'édifices nationaux, d'écoles en pierre, de fontaines publiques, de squares; établissement de chemins de fer, de canaux, de routes, de ports, de places de guerre, dessèchement des marais, défrichement des forêts. Sans doute, à notre époque, le Gouvernement a été actif pour beaucoup de travaux publics, mais cette activité n'est pas encore assez grande. Que d'églises catholiques qui menacent ruine ! Des édifices nationaux, brûlés par les sauvages de 1871, montrent encore leurs plaies lamentables. Dans nos villes, il n'y a pas assez de squares, de fontaines ; les théâtres ne sont pas souvent isolés des maisons ; des percements utiles de rues ne se font pas encore. Dans nos campagnes, que de marais et de forêts, que de chemins effondrés, de ponts non créés ! On ne songe pas au canal important de Bordeaux à la Méditerranée. Que le Gouvernement avise avec promptitude pour la commodité des Français !

CHAPITRE X

DÉFAUT DE TAXE GOUVERNEMENTALE POUR LES LOYERS, LES VIVRES

> *« Panem tuum cum esurientibus comede. »*
> « Mangez votre pain avec les pauvres. »
> (Tobie, IV, 17.)

Le Gouvernement d'un pays doit être paternel : il s'occupera du bien-être de ses administrés qui sont sa famille.

A notre époque, nous rencontrons des propriétaires humains, raisonnables pour le prix de leurs locations ; mais, hélas ! ils ne sont pas assez nombreux. Que de propriétaires trop avides qui demeurent sans contrôle pour leurs locations, pour leurs fermages ! Pourquoi le Gouvernement n'établirait-il pas des commissions qui, composées d'hommes compétents et sages, réduiraient les locations trop élevées, et infligeraient une amende aux propriétaires récalcitrants ?

A notre époque, en notre France, dont les produits sont si variés et si abondants, les vivres sont à prix souvent excessif. Les marchands, trop avides en général, pressurent souvent les populations. Pourquoi le Gouvernement n'établirait-il pas des commissions qui taxeraient les denrées de toute espèce, surveilleraient et frapperaient d'amende les marchands incorrigibles? Je demande également des impôts pas trop élevés pour les propriétaires et les marchands. Disons, en terminant cet article, que le public est un bon mouton qu'on tond aisément : c'est au Gouvernement à le protéger.

CHAPITRE XI

MODICITÉ DES SALAIRES

> *« Merces mercenarii tui apud te*
> *omnino non remaneat. »*

«Que la récompense de celui qui aura travaillé pour vous ne » demeure pas en votre maison. »

(Tobie, IV, 15).

Nous rencontrons un certain nombre d'administrateurs, de patrons, qui offrent des traitements, des salaires trop modiques, vu les difficultés actuelles de la vie matérielle. Egoïstes, voulant faire fortune trop rapidement, ils ne pensent pas assez à leurs frères, obligés de gagner leur pain en leurs administrations, leurs fabriques. Qu'ils se rappellent les préceptes de l'*Evangile* catholique !

Ils seront alors plus généreux; élèveront, en combinant leurs intérêts et ceux de leurs ouvriers, les salaires, les traitements, seront heureux de répandre le bonheur autour d'eux.

A notre époque, le travail des femmes est trop peu rétribué souvent: on suit la coutume, dit-on. Pourquoi cette dureté ? Pourquoi cette inintelligence ? La vie matérielle a les mêmes difficultés pour la femme que pour l'homme. Les travailleuses ont souvent, comme les travailleurs, des enfants en bas-âge à élever, des vieux parents à soutenir. Patrons! lorsque vous le pouvez, soyez plus généreux pour vos employées. Elles seront plus heureuses et béniront votre mémoire.

CHAPITRE XII

LES IMPÔTS SONT TROP LOURDS

> « *Imminue paululum de imperio*
> « *patris tui durissimo.* »

« Diminuez les impôts trop lourds imposés par votre père. »
(Le peuple d'Israël à Roboam)

Un Gouvernement sage doit éviter les dépenses inutiles, et ne point trop grever les contribuables. Il n'aura point de dettes, et il pourvoira aux dépenses publiques par des impôts raisonnables.

A notre époque, nos impôts augmentent sans cesse. De l'économie ! de l'économie ! Français ! pardonnez-moi ma franchise, car je veux le bonheur de tous.

On donne actuellement des traitements trop élevés à certains fonctionnaires de l'Etat. A l'arrivée de chaque Ministre de la guerre, on change, inutilement, telle ou telle partie de l'habillement militaire, au grand détriment des contribuables. Les bataillons scolaires, inutiles, *risibles,* coûtent au Trésor : après le tirage au sort, le jeune Français a assez de loisirs pour apprendre le maniement des armes. On élève en bois trop

d'écoles publiques : ces constructions demandent de conti-
nuelles réparations. On étend, d'une manière démesurée, les
colonies lointaines, expéditions dispendieuses qui consument
notre argent. Les impôts devraient être modérés et porter
principalement sur les objets de *luxe*.

CONCLUSION

Qu'ai-je voulu, lecteur, en cet opuscule? Offrir quelques conseils à mes chers compatriotes, dont je désire le bonheur spirituel et le bonheur temporel.

L'homme sage écoute volontiers un bon avis. Français! lisez, relisez cet écrit ; établissez, chacun, suivant le pouvoir qui vous sera donné par la Providence, les réformes indiquées. Vous pourrez alors, favorisés par Dieu, respectés de tous les peuples étrangers, vivre au sein de l'abondance et de la prospérité. Vous pourrez alors faire régner la justice parmi vous et en tout l'Univers.

L' Abbé V. Moyaret

PARIS. — IMPRIMERIE R. MEUNIER, 15, RUE D'ABBEVILLE.